RÉPUBLIQUE FRANÇAISE

MINISTÈRE DE LA GUERRE

CAHIER DES CHARGES COMMUNES

DU 6 MARS 1922

POUR LES

FOURNITURES DE COMBUSTIBLES

autres que celles de combustibles minéraux

DESTINÉS AUX GÉNÉRATEURS A VAPEUR

à faire aux manutentions militaires
et autres établissements
du Service des Subsistances militaires.

PARIS

CHARLES-LAVAUZELLE & Cⁱᵉ

Éditeurs militaires

124, Boulevard Saint-Germain, 124

(MÊME MAISON A LIMOGES)

1922

MINISTÈRE DE LA GUERRE..

Direction de l'Intendance militaire; Bureau des Vivres et des Fourrages.

Cahier des charges communes pour les fournitures de combustibles, autres que celles de combustibles minéraux destinés aux générateurs à vapeur, à faire aux manutentions militaires et autres établissements du service des subsistances militaires (1).

Documents abrogés : *Cahier des charges communes du 26 juin 1912 pour les fournitures de combustibles, autres que celles de combustibles minéraux destinés aux générateurs à vapeur, à faire aux manutentions militaires et autres établissements du service des subsistances militaires.*

Paris, le 6 mars 1922.

TITRE PREMIER.

CONDITIONS GÉNÉRALES ET OBJET DES FOURNITURES.

Article 1er. Les conditions générales des fournitures sont régies :

1° Par le cahier des clauses et conditions générales applicables aux marchés de fourniture du Département de la guerre du 16 février 1903, mis à jour jusqu'au 6 juillet 1909;

2° Par l'instruction relative aux marchés du Département de la guerre du 6 juillet 1909;

3° Par le présent cahier des charges communes;

4° Par les annexes du présent cahier des charges communes qui en font partie intégrante et sont, comme le cahier des charges lui-même, strictement obligatoires pour les parties.

---

(1) On a indiqué par un astérisque en marge les principaux points où le présent document contient des dispositions différentes de celles du document similaire antérieur. Il est bien entendu, toutefois, que les entrepreneurs ne pourront jamais se prévaloir de ces indications.

Cet astérisque se trouve soit en face du titre de l'article lorsque celui-ci est complètement remanié, soit en face de la modification si elle n'affecte qu'un passage, soit à la fin du paragraphe précédent, s'il s'agit d'une suppression.

seurs seront libres de faire enlever, à leurs frais, dans un délai fixé au cahier des charges spéciales. la fraction d'échantillons non admis au concours qui n'aurait pas été consommée au cours des essais.

★ La fraction non consommée de l'échantillon fourni par l'adjudicataire est logée en caisses ou en sacs cachetés et conservés à l'établissement, pour servir ultérieurement de type-témoin en cas de contestation au moment des livraisons.

CAHIER DES CHARGES SPÉCIALES (1).

★ Article 4. Un cahier des charges spéciales, approuvé par le directeur de l'intendance, fait connaître la fourniture à effectuer ainsi que les conditions particulières du marché et donne toutes indications de détail nécessaires.

Il détermine en particulier :

Le mode d'adjudication ou de marché à passer; la nature et la quantité des combustibles à livrer; les tolérances en plus ou en moins; le temps que la fourniture concerne; le mode de fractionnement par livraisons échelonnées, s'il y a lieu; le mode de livraison de la marchandise logée ou non logée; dans le premier cas, les sacs servant d'enveloppes aux marchandises seront en bon état et resteront la propriété de l'administration sans indemnité pour les fournisseurs; ils figureront en nombre sur les récépissés comptables établis par le réceptionnaire; dans le deuxième cas, les récipients seront restitués au fournisseur;

Les délais accordés pour effectuer la fourniture totale ou bien chacune des fractions de la fourniture si celle-ci doit être effectuée par fractions échelonnées;

L'importance des échantillons à fournir;

Le montant des cautionnements provisoire et définitif; le délai de réalisation du cautionnement en nature;

Le délai maximum imparti à l'administration pour procéder à l'examen et à la prise en charge des combustibles présentés;

La limite au delà de laquelle, dans les cas prévus aux paragraphes 3° et 4° de l'article 40 du cahier des clauses et conditions

---

(1) Un cahier des charges spéciales préparé par le directeur de l'intendance, pour chaque place et qui servira de modèle-type, sera soumis une fois pour toutes à l'approbation du Ministre à qui il ne devra être rendu compte, par la suite, que des modifications essentielles qui y auront été reconnues nécessaires.

générales du 16 février 1903, l'administration pourra résilier le contrat et passer un marché par défaut;

Les mesures prévues en cas de non enlèvement par le fournisseur des combustibles définitivement refusés;

Les conditions particulières à remplir par les divers combustibles en dehors des conditions générales ci-dessus ou qui doivent être spécialement fixées pour chaque fourniture.

Le cahier des charges spéciales donne également le modèle de la soumission à déposer. '

CAUTIONNEMENTS.

★ Article 5. Lorsqu'il y a lieu de réaliser un cautionnement définitif, il peut être remplacé par une affectation hypothécaire (sauf en Tunisie) ou bien par la présentation d'une caution personnelle solidaire; cette dernière doit être agréée par la commission d'adjudication.

Il peut encore, lorsque la fourniture comporte plusieurs livraisons, sur demande insérée dans la soumission, être remplacé par la retenue du premier dixième du montant du marché jusqu'au payement du solde.

Exceptionnellement, lorsque la fourniture ne comporte pas plusieurs livraisons, le cautionnement peut être remplacé, sur demande insérée dans la soumission, par un cautionnement en nature du dixième de la fourniture. Dans ce cas, le délai de réalisation est fixé par le cahier des charges spéciales, de telle sorte qu'en cas de non-exécution, l'administration militaire ait le temps nécessaire pour assurer par défaut la fourniture. Sous peine d'encourir la résiliation de son marché, le fournisseur ne pourra se soustraire à son engagement qu'en justifiant de la réalisation dans le même délai du cautionnement en numéraire.

PRIX MOYEN POUR CHAQUE ADJUDICATION DE PLUSIEURS LOTS.

★ Article 6. Si un adjudicataire a stipulé dans sa soumission des prix différents pour divers lots d'un même combustible, l'adjudication est prononcée aux prix stipulés par lui; il est fait ensuite de ces prix une moyenne proportionnelle qui devient le prix définitif de son marché, et c'est ce prix qui est inscrit au marché.

Si le calcul donne, pour la valeur du prix moyen, plus de trois décimales, les dix millimes sont négligés s'ils sont inférieurs à cinq et comptés pour un millime s'ils sont supérieurs ou égaux à cinq.

LIVRAISONS.

★ Article 7. Les combustibles sont livrés au quintal métrique, au poids net et déduction faite de toute tare.

Les livraisons sont faites suivant les indications du cahier des charges spéciales (1) :

a) De préférence à domicile, c'est-à-dire en magasin, sur les chantiers ou dans les cours des établissements militaires;

b) A défaut sur wagon en gare destinataire ou sur voie d'embranchement, sur le quai du port d'arrivée, à l'usine ou dans les chantiers du fournisseur;

c) Si le magasin militaire n'était pas muni d'un pont-bascule, il y a lieu de recourir aux poids publics de la ville, le droit de pesage étant à la charge du service réceptionnaire;

d) L'empilage, l'arrimage et la mise en tas des combustibles sont effectués par les soins du service réceptionnaire et aux frais de l'Etat.

Pour tous les combustibles, l'administration, si elle le juge utile, accorde au fournisseur une tolérance en plus ou en moins, dont la quotité est fixée, le cas échéant, par le cahier des charges spéciales, mais dont le maximum ne peut excéder, dans aucun cas, le vingtième de la fourniture totale.

Si les moyens d'emmagasinement n'y mettent aucun obstacle, ce dont l'administration reste seule juge, le fournisseur peut être admis à devancer le terme de ses livraisons.

Le maximum de combustibles que l'administration s'engage à examiner en vue de la réception au cours d'une même journée est indiqué par le cahier des charges spéciales.

Les événements de force majeure de nature à entraver l'exécution de la fourniture peuvent donner lieu à la concession de sursis prolongeant d'autant les délais de livraison, à condition que les

---

(1) D'une manière générale, le fournisseur peut avoir intérêt, en vue de faciliter et d'activer les opérations de réception, notamment en ce qui concerne la houille, à expédier distinctement la quantité nécessaire aux essais, autant que possible suffisamment à l'avance, pour permettre l'exécution des différentes expériences et éviter ainsi, le cas échéant, l'expédition d'une livraison susceptible de rejet; les conditions de ces envois sont fixées par le cahier des charges spéciales.

faits soient signalés par le fournisseur dans un délai de huit jours.

Ces sursis peuvent être accordés par le directeur de l'inten-dance dans la limite de trente jours.

CONSTATATION DES LIVRAISONS.

★ Article 8. Les récépissés à talon délivrés par le réceptionnaire pour la constatation des livraisons effectuées indiquent, en ce qui concerne les combustibles frappés d'un droit d'octroi à l'en-trée des villes, si les fournitures ont été faites *intra* ou *extra* *muros* ou dans un magasin constitué entrepôt d'octroi.

CONTESTATIONS A LA RÉCEPTION.

★ Article 9. Si le réceptionnaire juge que les livraisons ne rem plissent pas toutes les conditions exigées et si le fournisseur re-fuse de les remplacer, le litige est soumis à une commission d'appel, dans les formes indiquées par le titre X de l'instruction du 6 juillet 1909.

Le refus par le réceptionnaire deviendra définitif **si**, dans un délai de quarante-huit heures à partir du lendemain inclus de la notification du refus, le fournisseur n'a pas demandé la réunion de la commission d'appel.

Si, dans un délai de quarante-huit heures après la remise au sous-intendant militaire du procès-verbal de la commission d'appel ou la notification de ses conclusions au fournisseur, le sous-intendant militaire ou le fournisseur n'a pas formulé de recours au Ministre, les conclusions du procès-verbal de la commission d'appel sont exécutoires.

Ce délai de quarante-huit heures court du lendemain inclus de la séance de la commission d'appel si le recours est formé par le sous-intendant militaire et du lendemain inclus de la noti-fication s'il est formé par le fournisseur.

L'instruction commune à tous les prélèvements et envois d'é-chantillons, qui figure comme annexe au présent cahier des char-ges communes, donne les renseignements nécessaires au sujet du prélèvement et de l'envoi des échantillons.

En cas de refus définitif, les combustibles rejetés doivent être retirés des magasins dans un délai qui ne dépassera pas quatre jours à compter du lendemain de la réception par le fournis-seur : soit de la notification de refus si la commission d'appel n'a pas été réunie; soit de la notification de la décision de la commission d'appel (refus par la commission d'appel); soit de la notification de la décision ministérielle (refus par le Ministre).

REMPLACEMENT DES DENRÉES REFUSÉES.

★ Article 10. En cas de refus définitif des combustibles présentés en livraison (que la commission d'appel ait ou non été réunie), il est accordé au fournisseur, par le sous-intendant militaire local, pour le remplacement de la quantité refusée, un sursis de huit jours à compter du jour de la notification du refus. En Algérie et en Tunisie, ce sursis pourra être porté à quinze jours dans les places du littoral, du Tell et des Hauts-Plateaux pour tous les combustibles qui ne sont pas de production indigène, et à quarante-cinq jours pour les postes de l'extrême Sud.

Dans certains cas dont le sous-intendant militaire reste juge, le délai de remplacement pourra être porté à trente jours.

MARCHÉ PAR DÉFAUT.

★ Article 11. Si le combustible présenté en remplacement est lui-même refusé en tout ou partie, il ne sera accordé aucun nouveau sursis : un marché par défaut, aux risques et périls du fournisseur, sera passé pour les quantités refusées.

Il sera également passé un marché par défaut : si, à l'expiration du sursis de remplacement, aucune livraison n'a été présentée; si les retards apportés dans les livraisons se prolongent au delà d'une limite indiquée au cahier des charges spéciales; si les rejets dépassent une limite également fixée par le cahier des charges spéciales.

En principe, tout marché par défaut doit être passé aux conditions du marché primitif.

PÉNALITÉS EN CAS DE RETARD.

★ Article 12. En cas de retard dans les livraisons, le fournisseur encourt une pénalité, du fait de la seule échéance du terme et sans aucune mise en demeure préalable de la part de l'administration militaire.

La pénalité est calculée sur le montant de la valeur au prix du marché de la fourniture en retard de livraison. Elle est décomptée par jour de retard, suivant l'échelle suivante :

Pendant les quinze premiers jours, à raison de 0 fr. 50 par 1.000 francs; du 16ᵉ au 30ᵉ jour, à raison de 1 franc par 1.000 francs; à partir du 31ᵉ jour, à raison de 1 fr. 50 par 1.000 francs, sans que, dans aucun cas, le montant total de la retenue puisse dépasser le dixième de la valeur des fournitures en souffrance, à moins d'indications contraires au cahier des charges spéciales.

CAS SPÉCIAUX DE RÉSILIATION.

★ Article 13. Le marché est résilié de plein droit :

a) Si le service vient à passer du régime de la gestion directe à celui de l'entreprise;

b) Si l'établissement pour lequel le fournisseur a traité vient à être supprimé ou cesse de fonctionner;

c) Si la nature du combustible prévue au marché doit être changée par suite de l'adoption de nouveaux appareils.

Cette résiliation ouvre le droit à l'entrepreneur, pour la quantité restant à livrer pour parfaire le marché, à une indemnité égale à 10 p. 100 de la valeur du combustible calculée d'après le prix du marché.

Dans tous les cas l'entrepreneur doit être prévenu au moins un mois à l'avance de la décision de l'administration militaire.

Les commandes en cours d'exécution ne sont pas annulées.

CHARGES DE LA FOURNITURE.

★ Article 14. Moyennant les prix stipulés au marché, sont au compte du fournisseur tous les frais de transport et camionnage jusqu'au lieu de livraison fixé par l'article 7 ci-dessus, ainsi que toutes pertes, déchets et avaries qui se produiraient jusqu'à la prise en charge par l'administration militaire.

Les droits d'octroi (y compris les droits d'octroi de mer en Algérie) sont à la charge de l'administration militaire.

Les droits de douane existant au moment de la passation des marchés sont à la charge du fournisseur, sauf en Algérie, où ils sont acquittés par les soins de l'administration militaire.

Toutefois, lorsqu'il s'agit de combustibles étrangers, il sera tenu compte au fournisseur, en plus ou en moins, des augmentations ou diminutions apportées aux droits de douane depuis le jour de l'adjudication. Le fournisseur perdra tout recours si l'augmentation de tarif qu'il subit provient d'un retard qui lui est imputable.

PRODUCTION DES TITRES DE CRÉANCE. — RÉCLAMATIONS.

★ Article 15. — Toutes les pièces justificatives de dépenses destinées à constater les créances du fournisseur sont produites dans le délai de quarante-cinq jours, à compter de l'expiration du trimestre pendant lequel les livraisons ont été effectuées.

Passé ce délai, le fournisseur sera passible d'une amende de 0 fr. 50 par 1.000 francs et par jour de retard, sans qu'il soit besoin de mise en demeure préalable.

L'administration de la guerre se réserve, d'ailleurs, le droit d'établir, d'office et aux frais du fournisseur, le décompte des fournitures à l'expiration du trimestre qui suit celui pendant lequel les livraisons ont été effectuées.

Toute réclamation relative à l'exécution du service doit être produite également dans le délai de quarante-cinq jours, calculé comme ci-dessus.

PAYEMENT DES FOURNITURES.

★ Article 16. — En principe, le payement des fournitures n'a lieu qu'en fin de livraison.

À l'intérieur, tous les payements devront être faits par virements, soit en banque, soit, le cas échéant, au compte de chèques postaux, à l'exclusion de tout autre mode de règlement, y compris celui par chèques barrés.

Toutefois, les payements inférieurs à 500 francs pourront être faits, sur la demande du fournisseur, par mandats-cartes postaux, dont les frais d'envoi seront à sa charge.

Si le marché comporte une fourniture à livrer par fractions échelonnées, le fournisseur peut recevoir, sur sa demande, au fur et à mesure de la livraison de chacune de ces fractions, un acompte dont l'importance ne dépasse pas :

À l'intérieur, les 5/6es;

En Algérie et en Tunisie, les 11/12es de la valeur de la livraison effectuée.

Dans ce cas, il établit un décompte des quantités qui lui sont dues. Il joint à sa facture le récépissé comptable qui lui est remis par le réceptionnaire et que l'ordonnateur conserve pour le mettre à l'appui du payement du solde.

La fourniture terminée, le fournisseur produit une facture établie sur papier libre et dans la forme commerciale; il y joint les récépissés comptables restant à produire (s'il y a eu des acomptes payés).

Muni de cette pièce, qui reste annexée à la facture administrative jusqu'à vérification et ordonnancement, le gestionnaire établit cette dernière et la fait signer par le fournisseur après lui avoir expliqué, par écrit, les causes des différences qui peuvent exister entre la facture administrative et la facture commerciale produite.

La signature du fourniseur est précédée des mots : « Approuvé les redressements de compte ci-dessus ramenant (ou portant, suivant le cas) le décompte total à la somme de (en toutes lettres). »

Le dépôt de la facture commerciale dans les bureaux du sous-intendant militaire détermine la date du dépôt des titres de créance et des pièces de comptabilité.

Le sous-intendant militaire, après avoir vérifié et arrêté les décomptes ou la facture administrative, selon le cas, délivre des mandats pour les sommes acquises au fournisseur.

Paris, le 6 mars 1922.

Pour le Ministre de la guerre et des pensions
et par délégation :

Le Secrétaire général,
ALOMBERT.

ANNEXE I.

Conditions de qualité que doivent présenter les fournitures.

I. — CHARBON DE TERRE POUR FOUR.

§ 1er. — *Généralités*. — D'une façon générale, le charbon doit être de fraîche extraction, de bonne qualité, exempt de matières terreuses, schistes, pierres, pyrites, etc.; son emploi ne doit pas être préjudiciable à la conservation des grilles de foyer.

Il doit être livré bien sec.

Les charbons destinés au chauffage des fours doivent être de la variété dite demi-grasse, ou de la varité dite maigre, ou sèche à longue flamme, ou encore flambante.

Exceptionnellement, dans certaines régions, les charbons trois quarts gras et les charbons gras à longue flamme peuvent être admis.

Tous ces charbons doivent être de la grosseur dite gailleterie.

§ 2. — *Appréciation de la qualité*. — La qualité des charbons de fours ne peut être appréciée qu'à la suite d'expériences pour lesquelles on opère sur des échantillons, livrés à l'avance par les candidats à l'adjudication.

Ces expériences comportent, dans l'ordre ci-dessous :

a) Une analyse, au laboratoire indiqué au cahier des charges spéciales (1), en vue de déterminer la teneur des charbons en eau et la composition de l'échantillon sec;

b) Un essai de criblage, destiné à déterminer la proportion de menus et poussiers; cet essai a toujours lieu à l'établissement destinataire;

c) Un essai de cuisson destiné à déterminer le pouvoir calorifique du combustible (voir article 3) et à déterminer, en outre, la proportion des résidus de combustion.

Les deux premières expériences sont éliminatoires, c'est-à-dire que les échantillons pour lesquels l'analyse chimique et

---

(1) Généralement, le laboratoire le plus voisin à la disposition de l'administration militaire.

l'essai de criblage ne donnent pas les résultats prévus au cahier des charges spéciales sont rejetés, de façon à ne procéder à l'essai de cuisson qu'avec les échantillons susceptibles d'être admis.

L'essai de cuisson est lui-même éliminatoire, en ce sens qu'une trop grande proportion de résidus de combustion est une cause d'élimination.

Les charbons offerts à l'adjudication ne peuvent être choisis que parmi ceux qui sont admis à la suite des essais préalables prévus ci-dessus. Tout soumissionnaire a d'ailleurs la faculté de formuler des offres pour un ou plusieurs charbons de provenances et de natures différentes.

Le cahier des charges spéciales fait connaître :

1° La variété de charbon demandée;

2° Le mode de prélèvement, sur chaque échantillon, de la quantité destinée aux essais de laboratoire;

3° La proportion maxima de la teneur en eau;

4° La proportion maxima de la teneur en cendres (eau déduite);

5° La proportion minima et maxima de la teneur en matières volatiles (cendres et eau déduites);

6° L'appareil employé pour effectuer les essais de criblage (crible horizontal, claie inclinée, crible à main, selon les usages locaux), en indiquant en outre la largeur des mailles ou des intervalles des barreaux, la façon de conduire le tamisage et la proportion maxima de menus et poussiers (1);

7° La proportion des résidus de combustion.

---

(1) A titre d'indication, ces proportions peuvent être les suivantes :
Teneur en eau : 3 p. 100;
Teneur en cendres : 12 à 15 p. 100 (eau déduite);
Teneur en matières volatiles (cendres et eau déduites) : charbons demi-gras : de 12 à 20 p. 100 (limites extrêmes); charbons maigres à longue flamme : de 36 à 48 p. 100 (limites extrêmes);
Menus et poussiers : 15 p. 100 avec tolérance de 10 p. 100 en plus, sous les réserves de réfaction de prix et de refus spécifiées d'autre part. (Est considéré comme menus et poussiers, à Paris, tout le charbon passant sous le crible à mailles carrées de 4 centimètres de côté, pour la gailleterie);
Résidus de combustion : 10 à 15 p. 100.

§ 3. *Tamisage.* — Le tamisage des échantillons est effectué par le personnel de l'établissement en présence du fournisseur ou de son représentant.

Le tamisage des livraisons, qui a toujours lieu à l'arrivée dans l'établissement, quel que soit le lieu de livraison, est également effectué par le personnel du service, mais la présence du fournisseur ou de son représentant, toujours dûment avisé, n'est plus indispensable.

Toutefois, l'absence du fournisseur ou de son représentant ne pourra jamais être invoquée pour contester les résultats de l'opération.

Il peut être inutile de tamiser entièrement chaque livraison partielle; la quantité à tamiser est laissée à l'appréciation du service réceptionnaire, qui s'entend sur ce point avec le fournisseur.

Les résultats constatés sont inscrits chaque jour sur un bulletin établi en double expédition et signé par le fournisseur ou son représentant et par l'officier gestionnaire ou son délégué.

A la fin de la réception, l'ensemble des bulletins sert à dresser un tableau général, des indications duquel on déduit la proportion moyenne des menus et poussiers contenue dans la fourniture. Si cette proportion moyenne dépasse celle constatée dans l'échantillon-type, et excède la proportion maxima fixée par le cahier des charges spéciales, la livraison subit une certaine réfaction de prix dans les conditions ci-après : à moins d'indications contraires au cahier des charges spéciales, cette réfaction est de : 0 fr. 06 sur le prix du quintal pour 1 à 2 p. 100 en poids d'excédents, de menus et poussiers; 0 fr. 12 lorsque cet excédent sera de 2,1 à 3 p. 100; 0 fr. 18 lorsque cet excédent sera de 3,1 à 4 p. 100; 0 fr. 24 lorsque cet excédent sera de 4,1 à 5 p. 100. Au-dessus de 5 p. 100 et jusqu'à 10 p. 100, 0 fr. 30 pour chaque unité supplémentaire en plus. Au delà de 10 p. 100, la fourniture est refusée.

§ 4. *Causes de rejet.* — Les livraisons non conformes aux échantillons-types, c'est-à-dire ne répondant pas aux conditions du cahier des charges spéciales, en ce qui concerne la teneur en cendres, la teneur en matières volatiles et la proportion des résidus de combustion, ne peuvent donner lieu à réfaction et sont toujours rejetées.

Le poids de l'eau excédant la proportion maxima indiquée au cahier des charges spéciales est défalqué de la fourniture.

II. — COKE.

§ 5. *Cokes admis en livraison.* — Le coke peut être du coke de four ou du coke de gaz; il doit être le produit de la meilleure qualité de charbon, sans mélange de poussières et d'autres matières; ne pas contenir plus de 8 p. 100 d'eau; ne pas donner plus de 18 p. 100 de déchets de foyer; ne produire que très peu de fumée et d'odeur et ne pas être sulfureux.

§ 6. *Dimensions.* — Suivant l'emploi auquel il est destiné, le coke présente des dimensions variables, caractérisant les types de coke. Le cahier des charges spéciales indique toujours le type demandé (1).

§ 7. *Proportion de menus et poussiers.* — La tolérance de menus et poussiers est de 3 p. 100; les dimensions des mailles du crible à adopter pour déterminer cette proportion sont indiquées au cahier des charges spéciales; le poids de menus et poussiers excédant 3 p. 100 est défalqué de la livraison.

§ 8. *Teneur en eau.* — Le poids de l'eau excédant les 8 p. 100 est également défalqué de la fourniture (2).

§ 9. *Causes de rejet.* — Sauf dispositions contraires du cahier des charges spéciales, il n'est pas appliqué d'autre réfaction que celles indiquées ci-dessus; mais ce document peut prévoir et

---

(1) A titre d'indication, les types de coke de la Compagnie du gaz de Paris sont donnés ci-dessous :

Poussier...........	⎫	13ᵐᵐ × 13ᵐᵐ.
Grésillon.........	Tout ce qui passe au travers d'un	20ᵐᵐ × 20ᵐᵐ.
Coke n° 0.........	crible dont les mailles mesurent :	35ᵐᵐ × 35ᵐᵐ.
Coke n° 1.........	⎭	45ᵐᵐ × 45ᵐᵐ.

Gros coke : tout ce qui ne passe pas au crible employé pour le n° 1.

(2) On peut éviter cette complication à la réception en achetant le coke de gaz à l'hectolitre; quant au coke de four, il n'y a pas d'inconvénients à l'acheter au poids, en raison de ses dimensions et de sa faible teneur en eau. Le cahier des charges spéciales fixe, d'ailleurs, cette teneur en eau, en vue d'éviter toute fraude ou erreur. Pour déterminer la teneur en eau du coke, on prélève, sur la livraison, 20 kilogrammes de combustible, on fait sécher cette quantité à une température modérée, sur un poêle ou sur une plaque de fourneau, pendant quatre heures, on pèse de nouveau après dessiccation. La différence de poids, multipliée par 5, représente le pour cent d'eau.

considérer comme causes de rejet, s'il y a lieu : la non-conformité du coke présenté en livraison avec le type demandé, au point de vue des dimensions; une proportion de déchets de foyer dépassant 18 p. 100 et une trop grande proportion de fumée et d'odeur.

III. — Charbon de forge.

§ 10. — Le charbon de forge appartient à la variété des houilles maréchales.

Il doit être de la grosseur dite braisette, tête de moineau ou noisette, ou encore grains lavés 6/25ᵉ, avec une proportion de menus et poussiers ne dépassant pas 5 p. 100 au crible à mailles d'un demi-centimètre.

Il doit gonfler au feu, devenir pâteux et s'agglutiner facilement.

Le cahier des charges spéciales fait connaître :

a) La grosseur exacte demandée; la proportion de menus et poussiers admise sans réfaction; la tolérance donnant lieu à réfaction et la proportion maxima au-dessus de laquelle le combustible est rejeté (1);

b) La teneur minima en matières volatiles et la proportion maxima des résidus de combustion (2).

, Le même document prescrit un essai pratique du combustible aux ateliers de l'établissement réceptionnaire pour chaque livraison partielle. Cet essai entraîne le rejet des livraisons si les résultats n'en sont pas satisfaisants.

---

(1) A titre d'indication la Chambre de commerce de Paris estime que la grosseur du charbon de forge doit être comprise entre 8ᵐᵐ et 10ᵐᵐ ou entre 15ᵐᵐ et 30ᵐᵐ; que la proportion admise de menus et poussiers au crible de un demi-centimètre est de 5 p. 100, chaque unité de pourcentage en plus amenant une diminution de 0 fr. 02 par quintal jusqu'à concurrence de 10 p. 100 d'excédents; au-delà de 10 p. 100 d'excédent, soit 15 p. 100 au maximum, la fourniture doit être refusée (est considéré comme menus et poussiers, à Paris, tout le charbon passant sous le crible à mailles carrées de un demi-centimètre de côté, pour le charbon de forge).

(2) A Paris, il est admis que le charbon de forge doit avoir une teneur minima en matières volatiles de 26 p. 100 (limite extrême : 24 p. 100) cendres et eau déduites, et donner un maximum de 10 p. 100 de résidus de combustion.

IV. — BOIS EN BUCHES.

§ 11. — Les bois en bûches doivent remplir les conditions générales suivantes :

Temps de coupe (1).
- Bois écorcés...... Chêne pelard de 9 à 21 mois.
- Bois gris...
  - neufs.
    - Essence tendre, de 9 à 18 mois.
    - Essence dure, de 12 à 30 mois.
  - flottés.
    - Essence tendre, de 12 à 24 mois.
    - Essence dure, de 18 à 30 mois.

Dimensions des bûches en rondins ou fendues : circonférence de 0^m,15 à 0^m,50 pour tous les bois, sauf modifications indiquées au cahier des charges spéciales; longueur déterminée par les usages locaux et indiquée également au cahier des charges spéciales.

Sont exclus, sauf indications contraires au cahier des charges spéciales : les racines, souches, morceaux passés, noueux, écorcés par vétusté ou envahis par la mousse; les bûches n'ayant pas la longueur voulue par les usages locaux; les débris de menuiserie, de charpente et d'équarrissage; les bûches trop tordues.

Le bois doit être livré sec; en outre, il ne doit présenter aucune trace d'humidité résultant de la pluie, de la fonte des neiges ou de toute autre cause. A cet effet, les livraisons devront être faites, autant que possible, dans les mois de septembre et d'octobre.

D'une façon générale, le bouleau est préféré à tous les autres bois; le chêne pelard est préféré aux bois gris, sauf le bouleau; le bois flotté n'est accepté que dans certaines localités.

Les bois d'essence dure, tendre ou résineuse, sont admis selon les régions de production.

Le cahier des charges spéciales précise toujours la variété du bois à fournir.

Le bois peut être livré en rondins ou en quartiers d'une circonférence moyenne de 0^m,15 à 0^m,50, toutes les bûches ayant une

---

(1) En Algérie et en Corse, les bois d'essence dure sont reçus après trois ou quatre mois de coupe et ceux d'essence tendre après six à huit mois.

circonférence supérieure à $0^m,50$ doivent être renfendues par les soins de l'entrepreneur,, sauf indications contraires au cahier des charges spéciales.

V. — Fagots de four.

§ 12. — Les fagots ordinaires sont composés de menus bois, de branchages ou de jeunes taillis, réunis et attachés ensemble au moyen de liens souples en bois (harts) ou en fil de fer.

Le bois doit avoir l'ancienneté de coupe (1) indiquée au cahier des charges spéciales; il doit être livré sec, c'est-à-dire **dépourvu** de toute humidité résultant des pluies, de la fonte des neiges ou de toute autre cause.

Tous les bois sont admis sans distinction d'essence.

Peuvent être admis également, selon les usages locaux : les sarments de vigne, les fagots de sapin, etc.; mention de ces particularités est faite au cahier des charges spéciales, **s'il y a lieu.**

Sont exclus : tous fagots qui ne sont pas entièrement dépouillés de leur feuillage, exception faite pour le chêne vert et les arbres résineux, ceux dont l'intérieur est garni de feuilles, de mousse ou de toute autre matière étrangère; ceux où il est introduit des débris; ceux qui contiennent trop de jeunes pousses.

VI. — Fagots d'allumage.

§ 13. — Les fagots d'allumage sont composés, selon les usages locaux, soit de sarments, soit de menus bois toujours bien secs et non passés.

Ils doivent être dépouillés de leur feuillage et ne renfermer ni amas de feuille, ni ramassis de mousse ou de débris.

VII. — Charbon de bois.

§ 14. — Le charbon de bois doit provenir exclusivement de bois d'essence dure, principalement de bois de chêne; il doit être sec, sonore et consistant.

Les livraisons sont faites en gros morceaux et ne contiennent ni fumeron ni poussier.

---

(1) Six mois au moins en France et deux mois au moins en Corse.

ANNEXE II.

Prélèvement des échantillons.

Pour la prise d'échantillons d'une fourniture de charbon, deux cas peuvent se présenter :

. a) Le charbon est en cours de livraison;

b) Il est déjà en tas dans la cour de l'établissement.

§ 15. a) *Le charbon est en cours de livraison.* — Dans ce cas, il est facile de prélever sur chaque tombereau, au moment du déchargement, ou sur différents endroits du ou des wagons chargés, du tas formé sur le quai du port d'arrivée, etc., une pelletée composée d'une proportion de morceaux, de tout venant et de menus et poussiers, analogue à celle qui doit être fournie.

L'ensemble de ces pelletées, mises à part dans une caisse, et convenablement mélangées, représentera ainsi exactement, si l'opérateur a été consciencieux, la moyenne de la fourniture.

§ 16. b) *Le charbon est déjà en tas dans la cour de l'établissement.* — Alors, le prélèvement de l'échantillon n'est pas susceptible d'être fait avec toute la rigueur désirable, à moins de manutentionner et de déplacer tout le tas, ce qui est à peu près impraticable.

On peut faire dans le tas des tranchées complètes en long et en travers, de telle façon que le tas se trouve divisé en quatre, six, huit parties égales. En faisant la tranchée, on prélèverait sur toute la hauteur une tranche de largeur uniforme, en rejetant sur les côtés le surplus, au fur et à mesure de l'approfondissement de la tranchée. On peut aussi prélever des pelletées à des distances égales les unes des autres sur toutes les faces accessibles. Mais il est évident que le charbon qui forme l'intérieur du tas échappe ainsi à tout prélèvement.

/ Les prélèvements d'échantillons ont toujours lieu en présence du fournisseur (ou de son représentant) dûment convoqué.

ANNEXE III.

Préparation de l'échantillon moyen.

§ 17. — Sur l'échantillon constitué comme il vient d'être dit à l'annexe n° II, prendre 50 kilogrammes.

Les établissements pourvus d'un broyeur à boulets, à meules, etc., ou d'un appareil analogue feront passer ces 50 kilogrammes au broyeur, de manière à les transformer en une poudre homogène.

Les établissements qui ne possèdent pas de broyeur procèdent de la façon suivante :

Concasser le tout en morceaux de $0^m,01$ au maximum, étaler uniformément l'ensemble sur une aire en planches rabotées et jointives, ou sur une aire en ciment, en une couche de $0^m,10$ d'épaisseur et en forme de carré.

Dans ce carré, isoler successivement deux bandes de $0^m,10$ de largeur suivant les deux diagonales, au moyen de deux règles minces insérées verticalement dans la couche, et prélever les deux bandes ainsi isolées.

Avec le charbon provenant de ces deux bandes, former un nouveau carré de $0^m,50$ de côté et prélever dans ce carré, comme ci-dessus, deux bandes diagonales de $0^m,10$ de largeur.

Pulvériser finement le charbon ainsi préparé; la poudre obtenue devra passer au tamis n° 60 sans résidus.

Quel que soit le moyen employé pour obtenir la poudre, on en remplit quatre flacons de verre à large goulot, contenant chacun environ 250 grammes, bouchés à l'émeri; numéroter et cacheter ces quatre récipients.

Le premier flacon servira à l'exécution des essais de laboratoire.

Le deuxième sera tenu à la disposition du soumissionnaire.

Les deux autres seront conservés par l'établissement pour servir en cas de contestation.

Comme le prélèvement d'échantillon, la préparation de l'échantillon moyen a toujours lieu en présence du fournisseur (ou de son représentant) dûment convoqué.

ANNEXE IV.

Manière d'exécuter les essais de laboratoire.

§ 18. 1° *Détermination de la teneur en eau.* — On opère sur 25 à 30 grammes d'échantillon, qui sont desséchés jusqu'à poids constant dans une étuve chauffée à 100 degrés (de préférence une étuve à eau bouillante). La dessiccation est continuée jusqu'à ce que deux pesées consécutives donnent le même poids; la perte de poids de la prise d'essai ramenée à 100 donne la teneur en eau.

§ 19. 2° *Dosage des cendres.* — Dans des capsules plates à incinération, en platine ou en porcelaine, tarées, on pèse des prises d'essai de 5 grammes environ. On porte les capsules au four à moufle, en les plaçant d'abord à l'entrée de manière à élever progressivement la température, puis on incinère.

On retire les capsules, on laisse refroidir et on vérifie s'il ne reste pas de points noirs, dus à du charbon non incinéré. En pesant alors les capsules, on obtient par différence le poids des cendres.

On opère sur trois capsules pour chaque échantillon; la moyenne des résultats est prise pour déterminer la teneur en cendres.

§ 20. 3° *Détermination de la teneur en charbon fixe et en gaz combustibles.* — Dans un creuset de platine muni d'un couvercle fermant bien et préalablement taré, on introduit environ 1 gramme de l'échantillon et on pèse exactement le tout; on le porte alors au rouge vif et on maintient cette température jusqu'à ce que les gaz produits, qui viennent brûler entre le creuset et son couvercle, aient complètement cessé de se dégager. On laisse refroidir, la perte de poids du creuset donne la somme des gaz combustibles et de l'eau; le poids du résidu de coke qui reste au fond du creuset est celui du charbon fixe augmenté des cendres.

On recommence trois fois cet essai et on prend la moyenne des résultats trouvés.

§ 21. 4° *Expression des résultats.* — On exprimera toujours la composition centésimale du combustible par les chiffres déterminés par l'analyse et rapportés à cent parties dans la forme suivante :

Quantités
en poids.

Humidité. . . . .   p
Matières volatiles.   v
Carbone fixe (coke).   c
Cendres. . . . .   m

TOTAL.   100

D'après ces données, on calculera la teneur en cendres (eau déduite) et la teneur en matières volatiles (eau et cendres déduites).

EXEMPLE DE CALCUL.

Soit une houille présentant la composition suivante :

Eau.   1,16
Cendres.   16,20
Coke.   54,40
Matières volatiles.   28,24

TOTAL.   100,00

Teneur en cendres (eau déduite) : 16,39 p. 100.

Teneur en matières volatiles et en coke (eau et cendres déduites) :

Matières volatiles.   34,17
Coke.   65,83

TOTAL.   100,00

ANNEXE V.

Mode d'envoi des échantillons.

§ 22. — L'officier gestionnaire peut avoir à expédier des échantillons de combustibles dans les cas ci-après :

Charbon de terre pour four : a) Au laboratoire désigné au cahier des charges spéciales, pour l'analyse des échantillons présentés par les candidats à l'adjudication;

b) Au même laboratoire, au moment des réceptions, pour l'analyse des échantillons prélevées sur les livraisons;

c) Au lieu de réunion de la commission d'appel, lorsque ce lieu de réunion n'est pas le lieu de livraison;

★ d) A l'inspection générale des subsistances (6, boulevard des Invalides, Paris, VIIᵉ), en cas de recours contre la décision de la commission d'appel.

La quantité à expédier est variable, selon que le service peut ou ne peut pas procéder lui-même à la préparation de l'échantillon moyen (voir annexe n° III).

Dans le premier cas, il suffit d'envoyer un flacon de 250 grammes net (voir annexe n° III), dans une boîte en bois, en carton ou en métal. Dans le second, la quantité à expédier est telle que, renfermée d'abord dans un sac de forte toile, lequel est ensuite placé dans une caisse en bois, cette caisse forme un colis postal de 10 kilogrammes.

Le poids du charbon envoyé est prélevé sur une quantité invariable de 50 kilogrammes (voir annexe n° III) prise, s'il s'agit d'un échantillon, sur la totalité de cet échantillon; s'il s'agit d'une livraison dont la qualité est douteuse ou contestée, ou fait l'objet d'un examen par la commission d'appel, ou d'un recours au Ministre, sur la partie de la fourniture mise à part, à la suite du prélèvement déjà effectué (voir annexe n° II).

Coke, charbon de forge : a) Au lieu de réunion de la commission d'appel, lorsque ce lieu de réunion n'est pas le lieu de livraison;

★ b) A l'inspection générale des subsistances, en cas de recours contre la décision de la commission d'appel.

Pour le prélèvement et l'envoi des échantillons, opérer comme il vient d'être dit pour le charbon de four.

Bois en bûches, bois en fagots, bois d'allumage, charbon de bois : a) Au lieu de réunion de la commission d'appel, lorsque ce lieu de réunion n'est pas le lieu de livraison;

b) A l'inspection générale des subsistances, en cas de recours contre la décision de la commission d'appel.

La quantité à expédier est déterminée par le sous-intendant militaire, de façon à permettre à la commission d'appel ou à l'inspection générale des subsistances de se prononcer en toute connaissance de cause.

Elle est logée dans une caisse (le charbon de bois est placé préalablement dans un sac), qui est expédiée par colis postal ou en petite vitesse, selon son poids.

L'instruction commune à tous les prélèvements et envois de tous échantillons, qui fait l'objet de l'annexe n° VI du présent cahier des charges, donne tous renseignements utiles sur les prélèvements et envois de tous échantillons, ainsi que sur les formalités auxquelles donnent lieu ces opérations.

ANNEXE VI.

Instruction commune à tous les prélèvements et envois de tous échantillons.

§ A. — Précautions a prendre dans les prélèvements d'échantillons.

Toutes les fois que l'on aura à constituer des échantillons destinés à permettre, après leur examen, de formuler un jugement sur l'ensemble qu'ils représentent, on devra prendre toutes les précautions voulues pour que chaque échantillon ait bien la valeur moyenne de la partie ou de la totalité du lot à laquelle il se rapporte.

Si, outre le premier échantillon, il y a lieu d'en constituer d'autres soit pour des contre-expertises, soit comme témoins, etc..., on devra les prélever tous simultanément et prendre les précautions voulues pour que tous soient bien aussi identiques que possible les uns aux autres.

Il conviendra donc, en effectuant les prélèvements visés aux annexes n°s II et III, de toujours réunir une quantité de denrées ou matières suffisante pour pouvoir, après mélange, constituer et mettre en même temps sous scellés des échantillons bien identiques. (Les étiquettes prévues au paragraphe F ci-après porteront naturellement les trois mêmes chiffres ou lettres de référence pour les divers échantillons identiques.)

§ B. — Echantillons soumis au ministre soit en cas de recours, soit pour examens spéciaux a faire a l'inspection générale des subsistances.

Pour tout envoi d'échantillons au Ministre (cas de recours ou sur ordre spécial), on devra se conformer aux dispositions ci-après :

Chacun des échantillons sera mis séparément sous scellés et on le munira d'une étiquette particulière du modèle figurant au paragraphe F ci-après. Cette étiquette sera signée du sous-intendant (ou de son suppléant) et du fournisseur (ou de son représentant).

Il sera en même temps établi, et spécialement pour chacun des échantillons, un bulletin particulier conforme au modèle donné au paragraphe G ci-après :

Les trois lettres ou chiffres de référence à inscrire sur l'étiquette et à reproduire sur le bulletin permettront de différencier d'une façon sûre les échantillons envoyés simultanément ou successivement d'une même place et de retrouver sans erreur possible les bulletins qui les concernent. L'établissement du bulletin précité dispensera de tout envoi à l'inspection générale des subsistances d'expéditions du procès-verbal de prélèvement des échantillons.

Le ou les bulletins seront placés dans un seul et même pli et adressés sans lettre d'envoi ni bordereau par la poste (sans qu'il y ait lieu à chargement) à M. l'Inspecteur général des subsistances (6, boulevard des Invalides, à Paris, VIIe) le jour même où l'échantillon aura été confié au transporteur (1).

L'envoi des bulletins devra toujours donner lieu à une lettre séparée, même si les échantillons sont confiés à la poste, et en aucun cas le bulletin d'avis ne devra être placé dans le même paquet que l'échantillon, ce paquet n'est en effet destiné à être ouvert qu'en séance d'expertise.

Si un ou plusieurs scellés sont placés pour l'expédition dans un emballage, les cinq premières indications de la ou des étiquettes devront être reproduites à l'extérieur du paquet.

Ce paquet sera expédié à l'adresse plus haut indiquée, soit par la poste, comme échantillon recommandé, soit par colis postal, soit par grande vitesse, suivant le cas. Il devra parvenir franco et à domicile (en suspension, d'ailleurs, des droits d'octroi, pour les denrées ou matières qui y sont soumises).

§ C. — Echantillons soumis aux commissions d'appel.

Dans tous les cas où il y a lieu à prélèvement d'échantillons par suite d'appel, on se conformera d'une manière générale aux dispositions susindiquées.

Il sera toujours constitué simultanément au moins deux échantillons : l'un sera mis à la disposition de la commission d'appel.

---

(1) Lorsque le prélèvement aura été effectué par un suppléant, celui-ci préparera le ou les bulletins et les signera, mais il les adressera au sous-intendant militaire dont il relève, lequel en assurera d'urgence la transmission après les avoir visés et dûment complétés par les renseignements qui n'avaient pas lieu d'être pris sur place.

l'autre pourra, en cas de recours au Ministre, servir à l'emploi prévu au paragraphe B ci-dessus.

Les échantillons identiques recevront des étiquettes identiques du modèle prévu au paragraphe F ci-après.

§ D. — Procès-verbaux des prélèvements.

D'une manière générale, les prélèvements d'échantillons auront toujours lieu en présence du fournisseur (ou de son représentant), dûment convoqué, et, dans les cas litigieux, il devra toujours être dressé procès-verbal de l'opération par l'autorité qui y aura procédé.

Le procès-verbal indiquera explicitement les précautions prises en application du paragraphe A, pour constituer les échantillons de telle manière qu'aucune contestation ne puisse ultérieurement s'élever au sujet de leur valeur. Ce document mentionnera, en outre, quand il y aura lieu, les dispositions prises pour mettre le lot total de matières sous scellés, il indiquera l'importance du lot et donnera les diverses indications utiles, notamment l'ancienneté et la provenance d'origine. Il rappellera, enfin, les indications portées sur l'étiquette prévue au paragraphe F. Une expédition du procès-verbal sera mise à la disposition de la commission d'appel.

En cas de recours au Ministre, une expédition du procès-verbal de prélèvement sera jointe au dossier.

§ E. — Frais divers relatifs aux prélèvements d'échantillons.

Dans les places en gestion directe, les frais d'emballage et d'expédition des échantillons seront avancés par le gestionnaire.

Ils seront définitivement supportés par la partie condamnée.

Toutefois, les échantillons de minime importance (250 grammes de charbon, par exemple) ne seront pas payés au fournisseur.

§ F. — Modèle de l'étiquette a mettre sur les échantillons.

Chaque échantillon recevra une étiquette du modèle ci-après. Cette étiquette, si elle reste en dehors des emballages, devra être établie sur parchemin ou sur carton.

On pourra cependant s'abstenir de l'usage de l'étiquette et porter les indications ci-après prévues sur le sac ou l'emballage lui-même, si elles peuvent y être nettement inscrites et y rester très lisibles :

14ᵉ CORPS D'ARMÉE.

Cachet
à la cire

Service des vivres.

Localité où a lieu le prélève-ment .... { MODANE.

Indication des trois lettres ou chif-fres de référence (reproduits sur le bulletin ....

D	8	K

Echantillon de................... Charbon de terre.

Date de prélèvement.............. 15 mars 19 . .

Le (1)   *Le (2)*

(Signature.)   (Signature.)

---

(1) Fournisseur ou représentant.
(2) Sous-intendant militaire ou suppléant du sous-intendant.

§ G. — Modèle du bulletin d'avis de prélèvement
et d'envoi d'échantillons.

14ᵉ CORPS D'ARMÉE.

SERVICE DES VIVRES.

Place où a été prélevé l'échantillon..	Modane.
Sous-intendance dont relève la place ci-dessus...........	Chambéry 1ʳᵉ.
Numéro au registre de correspondance.	372.

Bulletin de prélèvement et avis d'envoi d'un échantillon de charbon de terre.

| Reproduction des trois lettres ou chiffres de références portés sur l'étiquette........... | D | 8 | K |

Date de prélèvement....................... 15 mars 19 .

Mode d'envoi.............................. Colis postal à domicile.

Description du colis envoyé................. Un sac en toile dans une caissette.

Poids de l'échantillon contenu.............. 0 kil. 250.

Nom du fournisseur....................... M. UNTEL.

Importance du lot sur lequel a été prélevé l'échantillon.............................. 40 quintaux.

Numéro d'ordre du lot dans le magasin (s'il y a lieu)................................ 3.

Date d'entrée du lot en magasin............. Septembre 19 .

Causes du prélèvement. S'il y a eu refus, en indiquer sommairement les motifs et mentionner enfin s'il y a eu décision d'une commission d'appel........................... Teneur en matières volatiles. Lot accepté par la commission d'appel.

Date des cahiers des charges applicables pour l'affaire (outre le cahier des C. C. G. du 16 février 1903, à jour au 6 juillet 1909) (1). C. C. 6 mars 1922. / C. S.   1922.

A   , le   19 .

(Signature.)

---

(1) Si l'on ne joint pas au présent bulletin un exemplaire des divers cahiers des charges visés ci-dessus, on devra copier sur le verso du bulletin (ou y annexer) les extraits conformes nécessaires pour l'examen de l'affaire, de ceux desdits cahiers des charges non publiés avec le *Bulletin officiel,* ou bien l'on mentionnera (avec la date) l'affaire précédente à propos de laquelle ces exemplaires ou ces extraits auraient déjà été adressés.

Imprimerie militaire
CHARLES-LAVAUZELLE & Cie
PARIS ET LIMOGES